AF339720

DÉNONCIATION

CONTRE

LE REPRÉSENTANT DU PEUPLE

ESNUE-LAVALLÉE,

DU DÉPARTEMENT DE LA MAYENNE,

ET SES COMPLICES,

FAITE A LA BARRE DE LA CONVENTION

PAR LES CITOYENS DE LAVAL.

CITOYENS REPRÉSENTANS,

DE grands crimes ont été commis dans la Commune de Laval, le sang des plus purs patriotes a coulé, leur supplice étoit trop doux pour leurs assasins ; aussi ont-ils voulu le prolonger au-delà du terme posé par la nature, en faisant exposer les têtes de leurs victimes au haut d'une pique placée exprès sur les lieux les plus apparens du domicile de leur famille éplorée. La tête du patriote Enjubault-la-Roche, ex-constituant, étoit-elle faite pour une pareille infamie ?

A.

Et quel nouvel Aman le Département accuse-t-il de cette atrocité? C'est un de ses citoyens, c'est un Représentant du Peuple, c'est ESNUE-LAVALLÉE.

Si votre collégue BOURSAULT a vengé les droits du Peuple, par la réclusion de plusieurs des complices de son prédécesseur, un grand nombre d'eux, au mépris de ses ordres, jouit encore de la liberté.

Ils ont été traduits, il est vrai, devant le tribnnal criminel du Département de la Mayenne; mais le président est beau - frere d'Esnue - Lavallée, & nommé par lui à cette fonction.

Les parens, les amis de ces infortunées victimes n'ont pu encore obtenir aucune justice; aussi par notre organe vous font-elles leurs réclamations : leurs dénonciations vous analysent les principaux faits ; dispensez-nous de vous en donner le détail; qu'un pareil tableau ne profane pas cette enceinte.

Ordonnez que nous les déposions sur le bureau, que vos comités vous en fassent un rapport dans le plus bref délai, & autorisez-les à faire traduire de suite les prévenus ainsi que leurs complices encore en liberté, devant tout autre tribunal criminel que celui de la Mayenne : leur présence à Laval y donne de justes sujets d'inquiétude; ils ont encore des partisans dans cette Commune, théâtre de leurs forfaits; ils y agitent encore le Peuple, ils ont corrompu leur concierge, & ont égaré les soldats de la garnison.

Les autorités constituées de cette même Commune ont fait à vos comités pareilles réclamations, qu'elles ont adressées au citoyen Boursault votre collègue ; qu'elles ne soient pas infructueuses ; c'est une justice que vous devez aux citoyens du Département de la Mayenne, qui, toujours fidèles aux principes, ont prouvé le plus grand dévouement à la révolution, & le plus sincère attachement à la Représentation nationale.

VIVE LA CONVENTION !
VIVE LA RÉPUBLIQUE !

Signés, ENJUBAULT-BOESSAY, FRIN-CORMERÉ et HUBERT.

Les Pièces sont jointes à notre Pétition lue à la barre de la Convention le 5 Floréal, l'an troisième de la République une et indivisible.

RÉPONSE DU PRÉSIDENT.

Les blessures de la tyrannie sont multipliées et cruelles ; chaque jour de nouveaux crimes commis par elle sont dénoncés à la justice de la Convention ; chaque jour de nouvelles répara-tions lui sont demandées. Il y a deux jours qu'une épouse en pleurs réclamoit la réhabilitation de son époux assassiné par les oppresseurs du Peu-ple. Aujourd'hui, c'est un frere qui vient rede-mander son frère, ou du moins que sa mémoire soit vengée. Citoyens, la Convention Nationale ne contemple point sans douleur tous les maux amassés par nos tyrans ; elle s'occupe sans relâche des moyens d'en rendre le sentiment moins pénible. Plusieurs de ses lois atestent sa sollicitude à cet égard. Citoyens, confiez vous-en à son équité, elle vengera la mémoire des infortunés qui ont été égorgés par le fer des assassins, elle réparera autant qu'il est en elle toutes les injustices qu'elle n'a pu empêcher; c'est un devoir sacré pour elle, et vous pourrez vous reposer sur son humanité du soin de le remplir. Elle vous invite à assister à sa séance.

La Pétition développée et convertie en motion par le citoyen Boursault, et sur la demande du citoyen Engerrand :

La Convention Nationale renvoye aux trois Comités réunis la dénonciation faite contre le citoyen Esnue-Lavallée, et aux Comités de sûreté générale et de législation la demande faite contre les autres individus, pour du tout lui en être fait un rapport.

PÉTITION

DE CITOYENS

DE LA COMMUNE DE LAVAL,

DÉPARTEMENT DE LA MAYENNE,

Présentée à la Barre de la Convention par les Citoyens HUBERT (1), ENJUBAULT-BOESSAY (2) & FRIN-CORMERÉ (3), *destitués par le Représentant du Peuple* ESNUE-LAVALLÉE, *& désignés dans le rapport de* JULIEN-DE-TOULOUSE *sur le prétendu fédéralisme, pour être traduits au Tribunal Révolutionnaire* (*).

LÉGISLATEURS,

LA Commune de Laval a été le théâtre des plus grands crimes; le sang y a coulé à grands flots, les proscriptions s'y sont multipliées à l'infinie, & la terreur y a tellement glacé le courage de ses infortunés habitans, que dans cet instant

---

(*) Voyez les Notes à la fin.

A 3

même où par votre sagesse & votre énergie la justice triomphe & l'humanité respire, il n'est encore qu'un petit nombre d'entr'eux qui ose élever la voix, & faire entendre dans cette enceinte ses justes & douloureuses réclamations.

Dès les premières années de la révolution, la malveillance s'étoit agitée au milieu de nous pour égarer la morale & la raison publiques; mais, comprimée par l'énergie des gens de bien, ses efforts furent long-temps impuissans; elle n'osoit agir que dans l'ombre. Les événemens du 31 Mai & du 2 Juin lui prêterent bientôt toute l'audace dont elle auroit besoin pour réussir dans ses sinistre projets. C'est à cette époque que des hommes qui ne se plaisoient qu'au milieu du désordre & de la licence, instruits par le parti qu'ils servoient, aiguillonnés par la haine implacable & par le desir de la vengeance contre ceux qui avoient si souvent combattus leurs coupables principes, conçurent & bientôt exécutèrent le plan d'oppression qu'ils ont depuis suivi avec tant d'acharnement.

C'est ici, CITOYENS REPRÉSENTANS, que la vérité doit se montrer dans tout son jour, & nous vous la dirons sans réserve.

La loi du 17 Septembre, relative aux gens suspects, venoit d'être rendue, & déja on annonçoit l'arrivée de deux Représentans du Peuple qui devoient, en la faisant mettre à exécution, renouveller les autorités constituées. Enfin, le citoyen Esnue-Lavallée arrive; c'est lui qui s'est chargé d'exercer dans le pays qui l'a vu naître ce ministère de rigueur; c'est lui qui va lancer la foudre au milieu de ses concitoyens; c'est lui qui vient jetter la terreur & la désolation parmi ces mêmes hommes qui l'ont appellé naguères aux fonctions glorieuses de Représentant du Peuple Français ! On le voit bientôt avec effroi s'entourer des êtres les plus pervers & les plus immoraux, de ces êtres qui depuis long-temps n'avoient rien épargnés pour mettre le trouble dans notre malheureuse Commune. Des pouvoirs immenses leur sont confiés, & l'abus qu'ils en font suit de près l'instant où ils en ont été investis.

Déja des Bastilles s'élèvent; mais quelqu'actif que soit à les remplir le Comité révolutionnaire, il est encore trop indulgent au gré des amis de la terreur. Le Représentant Esnue - Lavallée se détermine à le casser, & à lui en substituer un second composé des fonctionnaires publics pris dans les différentes administrations; & ce choix, fait de main de maître, amène, par la cumulation de tant de pouvoirs divers, une tyrannie sans exemple, qui dût surpasser l'espérance même de celui qui avoit présidé à son organisation.

Le nouveau Comité, d'accord avec un tribunal de sang, recherche avec soin les victimes que celui-ci doit immoler; & tandis que l'un enferme, vole, dilapide, opprime de toutes les manières, abuse des réquisitions, ou se permet des faux de toute espèce (4), l'autre, c'est-à-dire, la Commission militaire *Clément*, commet presqu'autant d'assassinats qu'elle rend de jugemens. Le sang des vieillards est mêlé avec celui des enfans; de jeunes femmes enceintes sont traînées au supplice; les meilleurs patriotes sont égorgés; les juges, disons mieux, les assassins, presque toujours dans l'ivresse, foulant aux pieds le caractère dont ils

étoient revêtus, insultoient à leurs victimes, &
dans leurs infâmes interrogatoires, ne craignoient
pas d'outrager la pudeur par les questions les plus
indécentes. Enfin, ô comble de l'horreur! on les
a vu exposer pendant plus de trois semaines,
sur des piques préparées avant le jugement même,
des têtes sanglantes aux regards du Peuple effrayé
par cet aspect hideux de la mort & de la des-
truction; on les a vu pousser la férocité jusqu'à
faire transporter à Ernée, le lieu de sa naissance,
la tête de l'infortuné Jourdain, ancien adminis-
trateur, et l'exposer en face de la maison que
ses parens désolés habitoient. Vous frissonnez,
citoyens Représentans! à quel point s'élevra
donc votre juste indignation, lorsque vous sau-
rez que le premier auteur de cette barbarie
raffinée, qui poursuit ses victimes au-delà du
terme de la vie, que le principal ordonnateur
de cette horrible scène, de cette affreuse expo-
sition siège au milieu de vous, les mains encore teintes du sang du plus vertueux des
hommes! Oui, c'est un Représentant du Peuple,
c'est un législateur, c'est Esnue-Lavallée qui
ordonne de sang-froid dans sa lettre du 6
Pluviôse, au comité révolutionnaire de Laval,
que la tête d'un ami éclairé de la liberté, d'un
de ses premiers fondateurs, fera le pendant de
celle d'un général des insurgés, qui, par un
décret formel, devoit être conduit à Paris. C'est
Esnue-Lavallée qui, après avoir arrêté en quelque sorte lui-même, et conduit à Rennes, dans
sa propre voiture, l'infortuné Enjubault-La-
roche, ex-constituant (5), prépare dans le
silence du cabinet, et dicte, au bout de deux

mois, sans doute lorsqu'il est assuré des moyens de le faire périr, l'arrêt de mort d'un citoyen recommandable par des grandes lumières et de longs services rendus à son pays. Le tribunal de sang, vil instrument de ses vengeances, auquel il adresse à Laval sa victime, s'empresse de se conformer aux ordres qui lui sont transmis par un comité révolutionnaire qui partage ses crimes; et l'infortuné prévenu, accablé d'outrages, subit, le premier d'entre les siens, avec des circonstances déchirantes pour toute âme sensible, le sort funeste que la haîne implacable reservoit au reste de sa famille.

Tant d'horreurs, tant de crimes multipliés, déterminèrent le Représentant du Peuple Boursault, toujours aussi juste que ferme et éclairé, à ordonner l'arrestation de quelques-uns de leurs auteurs; mais cette acte de justice n'a pas atteint tous les coupables, et la plus grande partie des juges de cette Commission de sang qui a jeté la désolation dans tant de familles, jouit encore de sa liberté. D'ailleurs l'homme de bien pourroit-il être tranquille lorsqu'il sait que leurs complices qui sont arrêtés, conservent encore dans notre malheureuse Commune des partisans sans nombre, avec lesquels ils correspondent journellement? Lorsqu'il paroît prouvé qu'à l'époque même où la faction que vous venez de terrasser, provoquoit à Paris de terribles soulèvemens, ils s'agitoient de leur côté, cherchoient à séduire les soldats qui les approchoient, et du sein des prisons de Laval, méditoient des complots d'autant plus à craindre, qu'ils pouvoient n'être pas tout-à-fait étrangers aux projets des insurgés qui nous environnent, et aux attaques multipliées que ceux-ci dirigeoient, il y a quelques jours, contre tous les points de notre territoire. Enfin, par qui la conduite des prévenus sera-t-elle examinée ? Par qui seront-ils définitivement jugés ? Seroit-ce par le tribunal criminel du Département de la Mayenne, dont le président est beau-frère du citoyen Esnue-Lavallée, et a été appellé par lui aux fonctions qu'il remplit ?

Nous sommes bien éloignés, sans doute, de soupçonner la pureté des intentions et l'intégrité de ce Magistrat ; mais sa position deviendroit bien pénible, si les accusés venoient à rejetter quelques-uns des crimes qu'on leur reproche sur des ordres supérieurs, sur une puissance irrésistible, si l'intérêt du sang venoit, dans la suite de la procédure, à se trouver en opposition avec le devoir d'un Juge ; et il est permis de le prévoir lorsqu'on jette les yeux sur la lettre du Représentant Esnue-Lavallée, qu'on a déjà citée, lorsqu'on connoît en outre quelques-uns des détails de la conduite coupable qu'il a tenue pendant tout le cours de sa longue mission dans son propre Département.

En effet, s'il dictoit quelquefois des arrêts de mort à des Juges dévoués à ses volontés, dans d'autres occasions il s'érigeoit lui-même en Tribunal, et faisoit exécuter sur-le-champ en sa présence les jugemens funestes que sa fantaisie prononçoit. Ainsi à l'époque du dernier passage à Laval de l'armée de la Vendée, il fait tirer des prisons trois pauvres paysans arrêtés quelques jours auparavant, dans leurs foyers, sur le soupçon d'avoir suivi jusqu'à Fougers les insurgés qu'ils avoient ensuite abandonnés. Il enmène avec lui ces trop confiantes victimes, qui, se croyant en sûreté sous les yeux d'un Représentant du Peuple, loin de chercher à s'échapper, suivoient en liberté sa voiture et ne s'en écartoient quelques instans que pour revenir bien vîte se ranger autour d'elle avec docilité; il les enmène, disons-nous, avec lui pendant quatre à cinq lieues, et s'arrête enfin sur le bord d'un étang, les fait fusiller de sang-froid, en suivant avec délices toutes les gradation de ce sanglant et affreux spectacle.

De si puissantes considérations, Citoyens Représentans, que nous osons vous mettre sous les yeux, vous détermineront sans doute à ordonner, comme une mesure indispensable, que tous les fonctionnaires publics destitués et mis en arrestation par le citoyen Boursault, seront, avec leurs complices, traduits devant tout autre Tribunal criminel que celui de la Mayenne, pour y être jugés avec toute la célérité que peuvent permettre les formes légales et la sûreté des prévenus.

Demander la punition des coupables sans exception, voilà l'objet de notre demande auprès de vous. Songez au sang innocent qui a été versé dans notre malheureux pays; jettez les yeux sur les tristes restes des familles infortunées que la férocité du crime a presqu'entièrement dévorés; prêtez une oreille attentive aux cris plantifs qui s'élèvent du sein des tombeaux pour invoquer la justice et la vengeance nationale.

Des hommes qui n'ont jamais cessé un seul instant de chérir la liberté et l'égalité, et d'en professer avec enthousiasme les principes sacrés; des hommes qui, dès le 14 Juillet 1789, ont donnés des preuves du patriotisme le plus pur, et ont toujours été les ennemis de l'anarchie, viennent se jetter dans les bras des destructeurs de la tyrannie, des courageux artisans du 10 Thermidor et 12 Germinal, plus mémorable encore. Long-tems comprimés ils n'avoient osé élever la voix ; mais votre sagesse les rappelle à leur énergie, et le premier usage qu'ils en font est de jurer haine éternelle à tous les tyrans sous quelque forme qu'ils se déguisent, et un attachement inviolable à la représentation nationale. Vive la République ! vive la Convention !

Suivent les Signatures.

Laval, ce 14 Germinal, l'an troisième de la République Française, une et indivisible.

Nota. Le cadre nécessairement resserré d'une Pétition ne permettant point de parcourir tous les détails des horreurs sans nombre qui ont été comises à Laval. On se contentent d'observer que cette commune a offert la triste répétition de tout ce qui s'est passé de plus atroce à Nantes, Angers, Oranges, Arras et ailleurs. Et sous les yeux de qui ont-elles été exécutées, ces atrocités ? Sous ceux d'Esnue-Lavallée, investi de tous les pouvoirs de la Représentation nationale, dans le pays qui l'avoit vû naître, et où il habitoit, qui, s'il ne les a pas ordonnées toutes, ont été commises par ceux qu'il avoit investi de toute sa confiance, et qu'il avoit nommé aux diverses fonctions publiques, assuré que leur dévouement complet, et de leur parfaite obéissance à ses ordres.

O vous, Législateurs ! qui avez siégé dans l'Assemblée constituante avec l'infortuné Enjubault-la-Roche, vous qui avez partagés ses travaux, vous qui avez été à portée de connoître ses talens, et d'apprécier ses vertus ; c'est à vous que son frère et ses amis désolés s'adressent pour obtenir justice ; daignez leur prêter votre appui, vous ne serez pas sourds à leurs plaintes, car les vrais amis de la liberté sont les vengeurs naturels de l'homme juste que le crime a immolé à ses fureurs.

PIÉCES JUSTICATIVES.

AU NOM DU PEUPLE FRANÇAIS.

Rennes, le 6 Pluviôse, deuxième année républicaine.

ESNUE - LAVALLÉE, Représentant du Peuple dans les Départemens d'Ouest & du Centre,

Aux Citoyens composans le Comité révolutionnaire de Laval.

CITOYENS,

Je viens d'envoyer à la Commission militaire l'ex-prince Talmont ; j'envoie également à Laval à la Commission militaire, Enjubault-la-Roche, afin qu'il soit jugé : je vous engage à donner à cette dernière commission toutes les instructions et les renseignemens nécessaires relatifs à Enjubault. Vous voudrez bien, si-tôt l'exécution de Talmont, faire attacher sa tête au bout d'une pique, et la faire placer de suite sur la principale porte du ci-devant château de Laval, pour épouvanter les royalistes et fédéralistes dont vous êtes environnés.

Voudrez - vous bien aussi faire les mêmes honneurs à la tête d'Enjubault-la-Roche , si ce fameux fédéraliste est condamné à la peine de mort.

Du courage, de l'activité, de l'énergie, les aristocrates trembleront, et ça ira. Vive la République.

Salut et fraternité, votre concitoyen,

Signé, ESNUE-LAVALLÉE.

P. S. Accélérez par vos sollicitudes le jugement d'Enjubault, afin que s'il subit la peine de mort, il soit exécuté en même-tems que Talmont; l'agent et le seigneur feront le pendant. Talmont sera sûrement jugé demain, et conduit à Laval pour y être supplicié. Ainsi faites en sorte, et pressez la Commission militaire de Laval , de faire prompte diligence, afin qu'à l'arrivée de Talmont, Enjubault soi prêt a recevoir les mêmes honneurs.

Signé, ESNUE-LAVALLÉE.

Rennes, le 9 Pluviôse, l'an 2 de la République Française, une et indivisible.

ESNUE-LAVALLÉE, Représentant du Peuple, actuellement à Rennes,

Aux Citoyens composans le Comité révolutionnaire de Laval.

CITOYENS,

J'ai reçu votre lettre ce matin, à mon réveil; jugez combien la nouvelle que vous m'annoncez relativement au scélérat fédéraliste *Jourdain*, m'a ÉGAYÉ; c'est le chef des conspirateurs de Laval que je regreterois le plus de ne pas atteindre; *j'espere que ses dépêches pour son voyage seront bientôt prêtes, et qu'il poura se mettre en route dans le cours de la semaine.*

J'apprends dans ce moment par François, mon collègue, qu'Enjubaut-la-Roche père, doit être jugé, *et partir de compagnie avec Talmont,* qu'il m'a aussi annoncé avoir arrivé hier au soir à Laval.

Je vous recommande aussi de faire à Jourdain, après son jugement et son exécution, les mêmes honneurs qu'à Enjubault pere et à Talmont; ce sera une pique de plus à faire fabriquer: je crois vous ferez bien *d'en faire fabriquer de suite encore quelqu'autre, afin d'en avoir de prêtes au besoin, à fur et mesure que les cons-pirateurs Mayennois, etc. seront arrêtés.*

Je ne puis prendre un arrêté qui ordonne la

translation d'Enjubault fils et Sourdille-Lavallette à Laval. Tout ce que vous pouvez faire, et moi aussi, c'est d'écrire au Comité de Sûreté-Générale de la Convention Nationale, pour demander que ces deux fédéralistes soient conduits à Laval pour y être jugés et exécutés, afin de jetter la terreur dans l'ame des royalistes et des fédéralistes de Laval ; le tableau de leur suplice y sera infiniment plus salutaire qu'à Paris où ces deux individus ne sont pas connus, non plus que leur scélératesse, leur perfidie et leur esprit contre-révolutionnaire : l'envoi des commissaires à Paris est inutile et même contraire à l'esprit comme au texte de la loi.

J'attends de vos nouvelles au premier moment, sur l'exécution des mesures que je vous ai recommandées relativement à Talmont et à son agent et concierge (7), et que je vous recommande relativement à Jourdain.

Salut et fraternité,

Votre concitoyen,

ESNUE-LAVALLÉE, *Représentant du Peuple.*

GOUVERNEMENT RÉVOLUTIONNAIRE.

AU NOM DU PEUPLE FRANÇAIS.

A Rennes, le 11 Pluviôse, de l'an 2 de la République Française, une et indivisible.

ESNUE-LAVALLÉE, Représentant du Peuple dans les Départemens de l'Ouest et du Centre,

Aux Citoyens composans le Comité révolutionnaire de Laval.

CITOYENS,

Je desire bien sincèrement que la nouvelle que vous m'annoncez par votre derniere comme incertaine, se vérifie promptement; la capture du scélérat *Chambray* doit, si elle est vraie, combler de joie tous les vrais amis de la liberté; sa tête sera encore un beau pendant aux têtes de *Talmont*, *Enjubault* et *Jourdain*, qui sûrement ne tarderont pas à être jugés, et à subir le suplice dû à leur atroce perfidie. J'espère que nous pourrons aussi y voir en peu *Sourdille* et *Enjubault* fils (7) ; ces cinq têtes perchées sur cinq piques formeront un spectacle bien salutaire à Laval. Je présume alors que l'aristocratie se cachera, et périra de rage de n'avoir pu triompher sur l'énergie, le courage et la sûreté républicaine. Je vais écrire aujourd'hui au Comité de sûreté générale, pour l'engager à autoriser et même provoquer la translation du fils Enjubault et son cousin à Laval. Ne manquez pas de votre côté d'écrire précisément à ce comité, en lui annonçant que la punition de ces coupables sur le théâtre même où ils ont joués leurs rôles, sera infiniment plus salutaire que s'ils la subissoient sur un théâtre éloigné, et où la masse et les détails de leur scéleratesse sont absolument inconnus.

Maintenant, mes chers concitoyens, il me reste un reproche à vous faire;...... etc.

Signé, ESNUE-LAVALLÉE, Représentant du Peuple.

N O T E S.

(1) Le citoyen Hubert, ex-procureur-syndic du district de Laval, proscrit pendant quinze mois, s'étoit soustrait au mandat d'arrêt lancé contre lui. Bientôt dans sa retraite, ignoré du genre humain, il eut trouvé la fin de ses malheurs, sans la justice du Représentant du Peuple Boursault, alors en mission à Laval, qui, d'après les renseignemens pris sur la conduite tant privée que publique du malheureux Hubert, lui accorda non-seulement la liberté de paroître, mais encore lui fournit les moyens de se soustraire à la fureur de ses ennemis. La terreur étoit encore dans les murs de Laval à cette époque; il te fallut bien du courage, Boursault, pour sauver cette victime innocente !

(2) Enjubault Boessay, ex-capitaine de gendarmerie, à l'époque des mesures prises par les autorités cons-

tituées de Laval , relativement aux journées des 31
Mai et 2 Juin , étoit à l'armée sous les ordres du
général Canclaux.

(3) A l'époque des mesures prises sur les journées des 31 Mai et 2 Juin , Frin-Cormeré , ex-re-
ceveur du district de Laval , et sergent-major de la compagnie des canonniers de Laval , y enrola son fils
aîné , âgé de 14 ans , et l'envoya faire ses premières
armes dans l'armée des bords de la Loire , où il servoit
une pièce de canon. D'après une pareille conduite mé-
ritoit-il être traité en suspect ou en contre-révolutionnaire.

(4) Frin-Cormeré , père de sept enfans , doit la conser-
vation de ses jours aux Représentans du Peuple Letourneur de la Sarthe , Casting de l'Orne et Garnier de
Saintes ; instruits de la pureté de ses intentions , de
son patriotisme , des persécutions dirigées contre lui ,
et des dévastations exercées sur ses propriétés , les
deux premiers intéressèrent la justice de la Convention
et obtinrent un décret en faveur de ce malheureux
proscrit ; le dernier , au cours de sa mission à Alençon , où Frin-Cormeré avoit été transféré , le mit
sous sa sauve-garde ; il y resta jusqu'à l'arrivée du
citoyen François de la Sarthe , en mission dans le
Département de la Mayenne , auprès duquel il se
rendit. Il trouva un nouvel appui dans ce Représentant du Peuple , qui convertit en définitive sa liberté
qui ne lui avoit été accordée par le décret que pro-
visoirement.

O vous, justes et généreux Représentant du Peuple !
recevez ici le tribut de reconnoissance qui vous est
dû par Frin-Cormeré , et sa nombreuse famille.

(5) Enjubault-Boessay , ex-capitaine de gendarmerie ,
son frère , reste malheureux d'une famille que l'atrocité
du crime a presqu'entièrement détruit , n'a échappé lui-
même à la mort qui lui étoit destinée , que par un concours
de circonstances imprévues. Transféré à Alençon , le
Représentant du Peuple Letourneur de la Sarthe ,
ayant pris des informations sur son compte , ne vit
pas en lui un homme coupable ; le Représentant
Garnier de Saintes lui sauva la vie , en refusant de
le livrer à ses bourreaux ; et enfin , la justice du

Représentant du Peuple Laignelot le rendit à la liberté

Pardonnez, dignes Représentans, s'il ose ici vous nommer, mais cette indiscrétion là même, est un hommage à la reconnoissance qui se tait difficilement.

(6) Jamais Enjubault-Laroche n'a été l'agent de Talmont, et encore moins son concierge; il n'eût jamais de rapport avec lui. La maison ci-devant appellée le petit château de Laval, servoit de tous les tems de logement au premier juge du pays, dont l'infortuné proscrit remplissoit la place auparavant la révolution, et dans laquelle depuis, il a été maintenu par le choix libre du Peuple. Voilà ce qu'Esnue-Lavallée a appellé concierge, dans le dessein d'avilir et de perdre un homme de bien.

(7) Esnue-Lavallée avoit juré la perte de cette famille, les deux cousins, le premier, procureur-syndic du District de Laval, et le second, procureur général du Département de la Mayenne, furent assassinés sur la place de la Révolution par le tribunal de Robespierre, un mois après la mort d'Enjubault père.

De l'Imprimerie de la Veuve d'Ant-Jos GORSAS, rue Neuve des Petits-Champs, au coin de celle de la Loi, N°. 741.